समर्पण

कनिका प्रीति श्री वर्मा

यह गीत जो भी पढ़े,

यह प्रार्थना है, उन्हें गुरुदेव के आनंदमय संग का अनुभव हो ।

क्रम-सूची

क्रम-सूची

प्रस्तावना

वाणी में गुरु नाम हो,
सेवा में गुरु गुणगान।
गुरुचरण रज शीश हो,
हृदय में सदगुरु ध्यान।

यह छोटी-सी पावन गीत माला,
गुरुवर के चरणों में अर्पण है।
गुरु जी को सुखमय लगे,
शब्दों की सार्थकता इसी में है।

भूमिका

भाव ही ईश्वर हैं और भाव श्रद्धा माँ से उत्पन्न होते हैं, और श्रद्धा का उद्गम स्थान गुरुदेव के चरण कमल ही हैं। इसीलिए इस अमूल्य भाव को देने वाले मेरे गुरुदेव के श्री चरणकमल ही इस गीत की प्रेरणा हैं।

इस गीत की भूमिका समर्पण भाव से उदय हो समर्पण भाव पर ही पूर्ण होती है।प्रार्थना यही है की हमारे समर्पण में लेश मात्रा भी छल न हो। हो तो केवल आदर और सच्चाई।

आमुख

भगवान गणपति के श्री चरणों में कोटि वंदन। माँ सरस्वती के श्री चरणों में कोटि वंदन।मेरे सदगुरु पूज्य संत श्री आशारामजी बापूजी के श्री चरणकमलों में अनंत कोटि वंदन।

1. सद्गुरू

स्नेह, करूणा, शक्ति की अद्भुत मूरत हैं।
आस्था, विश्वास, आशा की चमकती किरण हैं।
सद्गुरू कौन हैं?
ये शब्दो में पिरोना तो कठिन है।

2. मेरे जोगी

आपकी रहमतों को जब लिखने बैठें एक दिन,
कलम कागज़ बोलें यूँ हमसे, न गिन।
हम भी सीमित, तुम भी सीमित, हर वस्तु की एक रेखा,
पर तुम्हारे जोगी का तो असीम अनंत है लेखा।

3. गुरु आसीस

अंधेरो में खड़े थे,
जगमगाते दीयों से राह दिखाई है आपने।
मायूसी के बंद कमरे में,
चेतना की चाभी भरी है आपने।
भाग रही थी जिंदगी,
हम खो रहे थे हर पल उसमें।
भीड़ में थामा, कांधे पर रख,
घर तक पहुंचाया गुरुदेव आपने।

कण कण धरा का, करे वन्दना।
जीवन का हर एक रंग तुमसे ही महकता।
करुणा को तुम्हारी भूलूं न कभी,
एक यही प्रार्थना।

4. गुरुदेव की यादें

यूँ तो आपकी याद खूब सताती है,
पर सच तो है,
वो यादें भी सुकून दे जाती हैं,
जाने-अंजाने इस हृदय को गंगा-सा पावन कर जाती हैं।

5. गुरुमय पथ

जीवन के अनेक प्रश्नों में उलझे थे यहीं,
डाल-डाल पात-पात फिरते थे कहीं-कहीं।
तुम्हारी छवि जब से हृदय में बसी,
बदल गई जीवन की गति।
इन पलों में जब से आए जोगी, मौज हुई मेरी।
बेफिक्र हुए सदा के लिए, कर अर्चना आपकी।

6. गुरु प्रेरणा

उलझे प्रश्नों को सहज ही सुलझाते हो ,
न समझें , तो स्वयं गोता लगा , उलझनें हटाते हो |
वर्षा आनंद की नित्य बरसाते हो ,
संगीत मधुर में अपनी याद दिलाते हो |
मोहब्बत की नाव के नाविक तुम ,
नैया खुद ही पार लगवाते हो |

7. गुरुदेव की मुस्कान

आप हैं तो दुनिया में एक उम्मीद है,
आप हैं तो हार भी बने जीत है।
जिन शब्दों में स्मरण हो आपका,
वो ही बनें पावन गीत हैं।

प्यारी सी मुस्कान तुम्हारी,
जाने कितने ही गम हर लेती है।
बापू, आप जहां भी रहें,
वहा तो बिन फूलों की डाली भी महकती है।

8. गुरु आँचल

आकाश-सी विशाल तुम्हारी गोद में,
जब आंखे बंद हो जाती हैं,
रिमझिम बूंदों की लहर,
बरस-बरस के बस यह कहती हैं।

तुम्हारी यादों का एहसास ऐसा है,
तो दर्शन की वो घड़ी कैसी,
अलबेली अद्भुत होगी,
यह सोचकर ही मन जगमगा जाता है।

9. गुरु कृपा ही केवलं

तुम हो अनंत, करूणामय,
अंतर्यामी, स्वयं परमेश्वर,
असीमता में व्याप्त कृपा निधान,
कण-कण के जगदीश्वर।
यूँ तो जोगी की महिमा,
शब्दों से अत्यंत परे है,
पर भावों को व्यक्त करने की कृपा हुई,
जो मिला यह शुभ अवसर है।

10. गुरुनाम ही भाला

शतरंज की इस दुनिया में,
हर चाल एक चुनौती है।
पर जब हो संग तलवार भाला तुम्हारे नाम का,
तो यह जिंदगी सहज में सारा खेल जीत लेती है।
तुम जिनको अपनाओ,
वे तूफानों को भी मित्र बना लेते हैं।
तुम जिनको अपनाओ,
वे सागर की गहराई में भी न डुबाये जा सकते हैं।

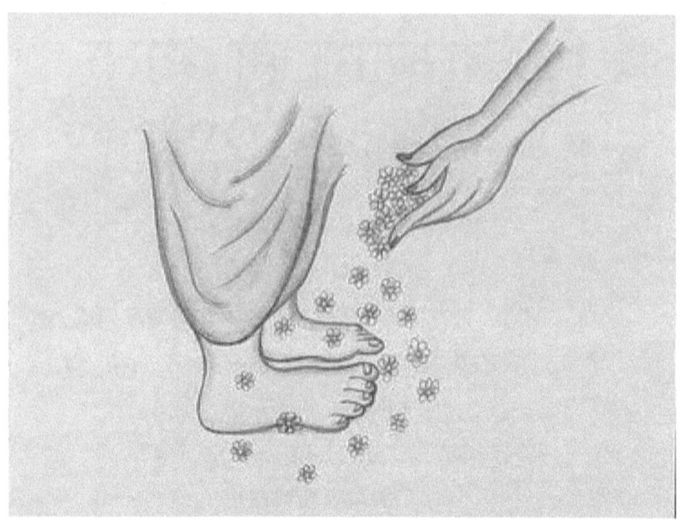

11. गुरु चरण

लाला लालीयां कहकर आपने जब-जब हमें समझाया है,
सूखे पत्ते को जैसे हरे-भरे वृक्ष से मिलाया है।
मुझमें अनेक थे अवगुण, फिर भी गले लगाया है,
बे अंत करुणा, स्नेह, प्रेम से अपनाया है।

हाथ जोड़ूँ या करूँ दंडवत प्रणाम?
कोटि नमन करूँ या प्रेम भरा साधुवाद?
शीश नवाउ हज़ार, क्योंकि चरणों में आपके ही सब तीर्थ धाम,
कुछ समझ न आए मुझे, मेरे आशाओं के राम।

12. गुरु सरकार

अकेले में, सोचूं कई बार,
आप मिलोगे जब, ऐसा-ऐसा होगा मेरा व्यवहार,
पर यह सोचके चिंतित हो जाता है मन,
जब बरसेगा तुम्हारी करुणामयी दृष्टि का सावन।
उस कृपामयी दृष्टि से कहीं चूक न जाऊं,
प्यारों के मेलों में, कहीं गुम न जाऊं।
आपकी इक झलक पाने का, न जाने कितनों को इंतजार,
प्यारे गुरुवर,सबके मालिक,मेरी सरकार।

13. गुरु हृदय के सावन

तपती धरती मां करती हैं सावन की प्रतीक्षा।
प्रतीक्षा करते करते, बढ़ती है सहनशीलता।
और झम के पानी, जिस दिन है बरसता,
हरी-भरी होती यह पृथ्वी, खिले हृदय की प्रसन्नता।
ऐसी ही तुम हो सावन, अनंत हृदयों के,
राह देखें हम आपकी, जैसे अनंत सदियों से।

14. गुरु सरगम

जैसे सरगम के सात स्वरों से,
कितने ही गायन और संगीत जनमते हैं।
आपके अमृत वचनों से,
कितने ही जीवों के भाग्य संवरते हैं।
सरगम न जाने उसकी विशालता,
आप न जानो आपकी महानता।
मेरे भटकते जीवन को राह दिखाने वाले,
कैसे करूँ मैं आपका शुक्रिया?

15. गुरु वचन

तुम न चाहो,
तो मिलना तुम से है मुश्किल।
तुम्हारी मर्जी बिन,
कौन पाए वो आत्म-मंज़िल।

पाने के लिए आपको यूँ तो हर दिल तरसता है,
पर जिसे आप चाहें, वो ही तो पहुंचता है।
आपके मधुमय वाणी से नूर हर पल बरसता है,
जीवन की आंधियों में उस नूर से ही दिल संभलता है।

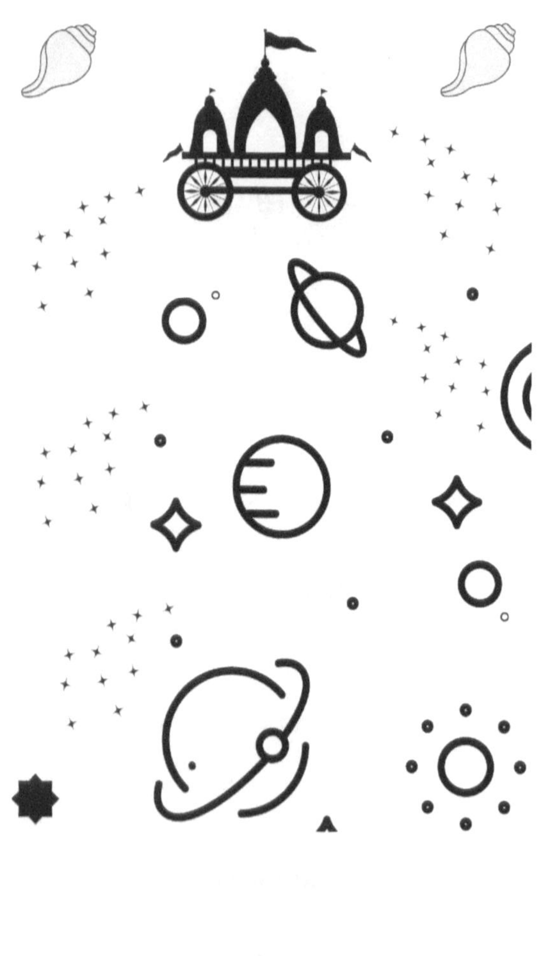

16. गुरु महिमा

ध्यान की गहराइयों में,
जब मौन हो जाते हो,
न जाने, कितने ही ब्रह्मांडो का,
पोषण कर जाते हो।
यंत्र नहीं जो माप सके इस महिमा को,
ज्ञान नहीं मुझमें जो जान सके आपकी लीला को।

17. गुरु महेश्वर

शिवजी भोले ने विष पिया था,
लोक कल्याण के लिए सर्वस्व दिया था:
है सत्य पुरातन कहानी यह।
पर मैंने तो देखी इस युग में,
आपके ही जीवन की रवानी यह।
इस जीवन का विष लेके,
दिया जो सत्संग, गुरुनाम का अमृत।
धन्य हुए हम तुमको पाकर,
कौन दयालु तुम जैसा मेरे गुरुदेव भोले शंकर।

18. गुरु पूर्ण ब्रह्म

जड़ चेतन सब में ब्रह्म ,
कण कण प्रकृति जिनके इशारों पर चलते ,
ऐसे भगवान् हर युग में धरा पर आते ,
पर माया की दृष्टि प्रबल , कसौटियों के बड़े हैं झोंकें |
बुद्धि नहीं केवल भाव से रीझें ,
सद्गुरु की महिमा कितनी , समर्पण से ही हम सीखें |

जब जब गुरुमय पीताम्बर, शिष्य ने औढ़ा ,
समर्पण की बंसी पर, अनुभव हो रासलीला,
गुरु ज्ञान की कुंजी से, खेल हो जगत का मेला,
गुरुशरण मिल जाए, हर पल अमृत वेला।

19. गुरु मैया

मैया-सी ममता तुम्हारी,
निर्दोषता साकार है।
पिता-सा अनुशासन तुम्हारा,
हमारे लिए वरदान है।

बापू आपने ही सिखाया हमें ,
क्या होता आत्मसम्मान है।
अपूर्ण हैं आपकी भक्ति बिना,
आपसे ही पूर्ण आत्मज्ञान है।

मूर्ति बिन मंदिर कैसा,
जोगी के दर्शन बिन साधक का जीवन वैसा।

20. गुरु ईश्वर

भारत विश्व गुरु की नींव हैं आप ,
धर्म ध्वजा की बुलंद आवाज़ हैं आप ,
सहज में हर लेते हैं सबके शोक और ताप ,
हिम्मत,ताकत,विश्वास और स्वयं ईश्वर ही तो हैं आप |

21. गुरु दर्शन

कहतें हैं आप हमसे गुरूजी ,
जब जीवन मिला है आत्मानंद पाने को ,
तब क्यों विचरते हो नश्वर सजाने को ,
न लगो दुःख मनाने को ।
स्वयं को कभी न मानों दीन हीन ,
तुम नित्य सदा हो महान ।
जानो भीतर स्वयं को ,
हो ध्यान में लीन ॥

आप की स्मृति से गुरुवर उपजें खुशिओं के रंग ,
जीवन में खिलती दिव्य उमंग ,
आकाश गंगा में जैसे तारे अनंत ,
ऐसे ही आपकी करुणा का न कोई है अंत ।
छाया में आपकी सभी सुकून पाते हैं ,
मानव तो क्या हर कोई जीव निहाल हो जातें हैं ॥

22. गुरु प्रार्थना

कृपा हो हम पर आपकी,
हे! कृपा निधान ,
ऐसे कोई व्यवहार न हो,
वाणी में भी दोष न हो,
होना पड़े तुमसे एक क्षण भी दूर,
भूलकर भी ऐसा कर्म न हो।

निर्भयता का नाद सुनें,
समर्पण हमारी पहचान हो।
ब्रह्मवाक्य मान्य किये ,
अचल में नित ध्यान हो।

निन्दा स्तुति रख पैरों तले,
नित्य कदम आगे बढ़ें।
श्रद्धा वैराग्य हो जीवन में,
गुरु सेवा से महके यह जीवन,
की ईश्वर भी सदा संग चलें।

आपकी प्यारी भक्ति मिले,
आपके जैसी शक्ति मिले,
जीते जी मुक्ति हो अनुभव,
समता का कमल खिले।

बिन प्रकाश सूरज कैसा,
बिन चांदनी चाँद किसने देखा,
बिन गुरु शरण,
न जगमगाए आत्मा का दीया ।

प्रार्थना कर जोड़के, गुरुजी से आसीस लेते हैं,
जीवन अर्पित कर श्रीचरण में, जन्मों को पावन करते हैं ।

प्यारे गुरु जी, इन शब्दों को हृदय से अपना ,
हमारी प्रार्थना, समर्पण को स्वीकार कीजियेगा ।
धन्य हो यह जीवन, कुल, जननी, पिता और धरती माता,
आपकी करुणामयी दृष्टि से हमें निहाल कीजियेगा ।।

23. निवेदन

कर्म हों ऐसें , कोई कर्ता न रहे ।
ज्ञान में हो ऐसे , मन शून्य में जगे ॥
प्रेम हो ऐसा , आशाएं न रहे ।
आनंद हो ऐसा , बांटने से न घटे ॥
बातें हो ऐसी , कोई बंधन न रहे ।
नियम में हो ऐसे , कोई परिश्रम न लगे ॥
जीवन हो ऐसा , दुःख छू न सके ।
रिश्तें हो ऐसे , आदर के धागों में सजे ॥

संगति हो ऐसी , सेवा भरपूर कर सकें |
सेवा हो ऐसी , सब उन्नत हो सकें ||
सफलता हो ऐसी , जन्मों की दौड़ धुप मिट जाए |
अहम् हो ऐसा , खोजने पर भी न मिले ||
भाव हों ऐसे , दीये सभी जगमगा उठे |
इच्छा हो ऐसी , कोई इच्छा ही न रहे ||
मौन हो ऐसा , अनहद नाद की ध्वनि सुनें |
ध्यान हो ऐसा , जहाँ देखें केवल गुरुवर दिखें ||

|| श्री गुरु शरणम् ममः ||

क्षमा-प्रार्थना

हे गुरुवर, यह गीत आप के श्री चरणों में अर्पण है,
आप ही हमारे अनंत जन्मों के मात-पिता हैं।
आपके ही शक्ति से हम लिखते हैं,
आपके ही शक्ति से बोलते और सुनते भी हैं।

इसीलिए भूलों को सभी क्षमा कीजियेगा,
अपनी पवित्र शरण में करुणा कर, हे अनंत ईश्वर, स्थान
दीजियेगा।

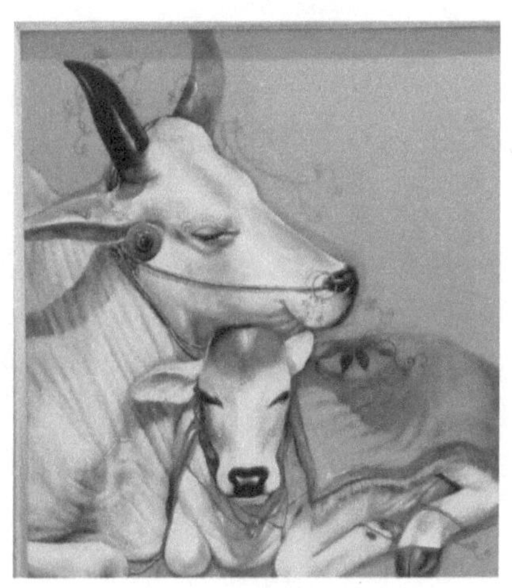

नारायण हरि

असतो मा सद्गमय,
तमसो मा ज्योतिर्गमय,
मृत्योर्मा अमृतं गमय।
||ओम् शान्तिः शान्तिः शान्तिः ||

9 798896 321835